COLLECTION HIS DE LA SALLE

ESTAMPES

ANCIENNES ET MODERNES

LITHOGRAPHIES

Œuvres de

BONINGTON, CHARLET, GAVARNI, GÉRICAULT, PRUD'HON, H. VERNET, ETC.

PHOTOGRAPHIES D'APRÈS LES ANCIENS MAITRES

dont la vente aura lieu

Hôtel des commissaires-priseurs, rue Drouot, 5

SALLE N° 4

Les Lundi 10, *Mardi* 11 *et Mercredi* 12 *Janvier* 1881

A DEUX HEURES PRÉCISES

Par le ministère de Me **MAURICE DELESTRE**, commissaire-priseur

RUE DROUOT, 27

Assisté de MM. **DANLOS** Fils et **DELISLE**, marchands d'estampes

QUAI MALAQUAIS, 15

EXPOSITION PUBLIQUE

LE DIMANCHE 9 JANVIER 1881, DE 2 A 5 HEURES

CONDITIONS DE LA VENTE

Elle sera faite au comptant.

Les acquéreurs paieront cinq pour cent en sus des enchères, applicables aux frais.

MM. Danlos fils et Delisle, chargés de la direction de la vente, se réservent la faculté de diviser ou de rassembler les lots.

ORDRE DES VACATIONS

Première vacation :	*lundi* 10 *janvier.*		1 à 195
Deuxième vacation :	*mardi* 11	—	196 à 396
Troisième vacation :	*mercredi* 12	—	397 à la fin.

DÉSIGNATION

ESTAMPES ANCIENNES

ANDREA (Z.).

1. La Danse des quatre Femmes (B 18).
   Superbe épreuve. Rare de cette qualité.

ANONYME ITALIEN.

2. Léda, d'après Michel-Ange.
   Ancienne épreuve.

BAROCHE (F.).

3. L'Annonciation (B. 1). — La Vierge assise (B. 2). Deux pièces.
   Très belles épreuves. La pièce de l'Annonciation est doublée et manque de conservation.

BERGHEM (N.).

4. La Vache qui pisse (B. 2).
   Très belle épreuve du deuxième état : avant toute adresse.

BISCAÏNO (B.).

5. La Nativité (B. 7).
   Très belle épreuve avant l'adresse de Daman.

BOISSIEU (J.-J. DE).

6. Le Petit Pont à trois piles. — Les Bords de la rivière de l'Ain. — Le petit Oratoire (B. 72, 73 et 128). Trois pièces.
   Superbes épreuves.

BONASONE (J.).

7. La Vierge, assise sur un morceau de corniche ruinée, tenant dans ses bras l'Enfant Jésus (B. 76).

Superbe épreuve avec les salissures de la planche très apparentes. Collection du comte de Fries.

8. Jupiter dont l'amour se rallume pour Junon, qui s'était parée de la ceinture de Vénus (92).

Très belle épreuve. Rare.

9. Jupiter, Neptune et Pluton, partageant entre eux l'empire de l'Univers. — Jupiter et Junon montant au Ciel. — Pluton descendant aux Enfers (93, 94 et 95). Trois pièces gravées d'après J. Romain.

Très belles épreuves.

10. L'Histoire de Jason et de Médée (98).

Très belle épreuve signée *Mariette*. 1668.

11. Le Lever du Soleil (99).

Très belle épreuve de l'une des plus belles estampes de Bonasone. Très rare.

12. Un jeune Héros descendu de son cheval et tenant par la main une femme nue (100).

Superbe épreuve.

13. L'Amour surpris dans les Champs-Élisées, par les âmes des Amants qui ont épouvé son pouvoir pendant leur vie (101).

Très belle épreuve.

14. Mercure surprenant les filles d'Aglaure (102).

Très belle épreuve avec une petite marge.

15. Le Triomphe de l'Amour (106).

Magnifique épreuve manquant un peu de conservation. Très rare de cette qualité,

16. Le Dieu Pan assis auprès d'une Nymphe qui tient un panier de fruits, etc. (170).

Très belle épreuve avec une très grande marge.

17. Michel-Ange Buonaroti, vu de profil, tourné vers la droite (345).

Belle épreuve de la planche réduite en ovale.

BOTH (J.).

18. Le Chariot attelé de bœufs (B. 2).

Superbe épreuve avant le numéro et avant que le nom de Matham ait été effacé. Tirée sur papier à la folie.

19. Le Pont de pierre. — Le Muletier. — Le Trajet. — Les deux Vaches au bord de l'eau (5, 6, 7 et 8). Quatre pièces.

Superbes épreuves avant le nom du maître et avant les numéros.

CARAGLIO (J.).

20. Ixion (B. app. 1).

Très belle épreuve d'une pièce rare.

CARAGLIO (J.)?

21. Une jeune Femme, assise, montre à lire à un jeune Enfant qui se tient debout entre ses genoux.

Superbe et toute première épreuve couverte de traits de burin Estampe inconnue à Bartsch.

CARRACHE (An.).

22. La Vierge à l'Écuelle (B. 9).

Superbe épreuve.

CARRACHE (Aug.).

23. Pan dompté par l'Amour (B. 116).

Superbe épreuve.

24. Mercure et les Grâces. — Mars renvoyé par Minerve Deux pièces d'après le Tintoret (117 et 118).

Superbes épreuves.

CLAIRS-OBSCURS.

25. Le Massacre des Innocents (B. II. 8). — Saint Pierre guérissant un paralytique (IV. 27). — Saint Jean-Baptiste dans le Désert (IV. 17). — Saint Pierre prêchant l'Évangile (IV. 25). Quatre pièces gravées par Ugo da Carpi, Le Parmesan et Ant. de Trente.

Très belles épreuves.

DREVET (P.-J.).

26. Portrait de J.-B. Bossuet, d'après H. Rigaud.

Belle épreuve avant les points.

DUJARDIN (K.).

27. La Chèvre et les deux Moutons (B. 7).

Très belle épreuve avant le numéro. Collections R. Dumesnil et Galichon.

28. Le Berger derrière l'Arbre (23).

Ancienne épreuve.

29. L'Ane entre deux Moutons (32).

Très belle épreuve avant le numéro. Elle a une petite marge.

DURER (A.).

30. L'Effet de la Jalousie (B. 73).

Très belle épreuve. Doublée.

31. L'Oisiveté (76).

Très belle épreuve.

32. Le Violent (92).

Très belle épreuve avant la retouche.

33. Le Seigneur et la Dame (94).

Bonne épreuve.

DYCK (Ant. Van).

34. Dyck (Ant. Van) (C. 4).

Superbe épreuve du deuxième état : la planche terminée par J. Néeffs, mais avant que l'année 1645 ait été effacée. Elle a une très grande marge et est tirée sur papier à la folie.

35. Érasme (Didier) (5).

Superbe et très rare épreuve avant l'adresse G. H. Elle est couverte de salissures et d'essais de burin et tirée sur papier à la folie. Collection Bohm.

36. Pontius (Paul) (11).

Belle épreuve du sixième état. Signée *P. Mariette*. 1667.

37. Snellinx (Ant.) (12).

Superbe épreuve du deuxième état : avec une seule ligne de titre et avant l'adresse G. H. Elle est tirée sur papier à la folie. Extrêmement rare.

38. Vorsterman (Lucas) (18).

Très belle épreuve du quatrième état : avec les lettres G. H. et le fond gravé au burin. Grande marge.

39. Le Titien et sa Maîtresse, d'après le Titien (W. 23).

Très belle épreuve du premier état de la planche terminée : avant les mots *Titian inventor cum privilege Regis* et l'adresse de *Bonenfant*.

40. Vos (Simon de) (53).

Très belle épreuve avec les lettres G. H.

ÉCOLE DE FONTAINEBLEAU.

41. Les deux Femmes Romaines, par le Primatice (B. 1).

Très belle épreuve de la seule pièce qui ait été gravée par e Primatice. Rare.

42. Jupiter pressant les Nuées pour en faire sortir la Plui qui tombe sur la Terre, d'après le Primatice (57).

Très belle épreuve.

43. Douze pièces, par L. Daven et autres.

ÉCOLE ITALIENNE.

44. Quatorze pièces, par les Ghisi, A. Vénitien, etc.

45. Trente pièces gravées à l'eau-forte par Fr. Baroche, Aug. Carrache et le Parmesan.

FALCONE (A.).

46. Le Tombeau, d'après le Parmesan (B. 13).

Deux très belles épreuves dont l'une, de la plus grande rareté et non décrite, est une épreuve d'essai non terminée.

GELÉE (Cl.) dit LE LORRAIN.

47. La Danse au Bord de l'eau (R. D. 7).

Très belle épreuve.

48. Le Bouvier (8).

Magnifique épreuve du deuxième état,: avant le chiffre 4 dans la marge de gauche, avec l'empreinte de la planche fortement accusée et les coulures d'eau-forte dans les marges très apparentes. Elle est en parfaite condition. De la plus grande rareté de cette qualité.

GHISI (G.).

49. Cupidon couché sur un lit près de Psyché, d'après J. Romain (B. 45).

Superbe épreuve.

50. Angélique et Médor, d'après Th. Ghisi (62).

Superbe épreuve.

MANTEGNA (A.).

51. Bacchanale au Silène. — Combat de Tritons. Deux pièces.

Belles épreuves doublées et restaurées.

MAZZUOLI (Fr.) dit **LE PARMESAN**.

52. La Nativité (B. 3). — La Sainte Vierge (4). Deux pièces.

Très belles épreuves.

53. La Sépulture de Jésus-Christ (5).

Très belle épreuve du premier état : avant les retouches au burin.

MORIN (J.-J.).

54. Bentivoglio (Guido), cardinal, d'après Ant. Van Dyck.

Très belle épreuve sans marge.

55. Grimberghe (Honorine), comtesse de Bossu (55).

Très belle épreuve avec une grande marge.

56. Lemon (Marguerite), d'après A. Van Dyck (62).

Superbe épreuve,

MELDOLLA (A.).

57. Jésus guérissant les Lépreux (B. 16).

Très belle épreuve d'une pièce composée de deux morceaux assemblés.

MULLER (J.-G.).

58. Portrait de Mme Le Brun, d'après elle-même.

Très belle épreuve avec toute sa marge.

OSTADE (Ad. Van).

59. L'École (F. 17).

Très belle épreuve du premier état. La marge inférieure est couverte de salissures et de traits de pointe.

60. Le Pêcheur (26).

Très belle épreuve avec la bordure fine.

POTTER (P.).

61. Le Vacher (B. 14).

Très belle épreuve de la planche réduite ; tirée sur papier à la folie.

62. Le Berger (B. 15).

Très belle épreuve avec l'adresse de Cl .de Jonghe.

POUSSIN (d'après N.).

63. **Ferdinand**. Portrait de N. Poussin, d'après V. E.

Superbe épreuve avec marge.

64. **Anderloni** (P). — Moïse défendant les filles de Jethro.

Belle épreuve. Toute marge.

65. **Audran** (G.). — La Femme adultère.

Très belle épreuve.

66. Le Baptême.

Très belle épreuve.

67. Sainte Françoise.

Très belle épreuve du premier état.

68. **Baudet**. — Suite de huit Paysages.

Belles épreuves.

69. **Desnoyers** (baron Boucher). — Eliezer et Rebecca.

Belle épreuve avec toute sa marge.

70. **Pesne** (Jean). — Portrait de Nicolas Poussin, d'après lui-même (R. D. 5).

Superbe épreuve d'un tout premier état non décrit : elle est à l'eau-forte pure, avant l'inscription : *Effigies Nicolaï Poussini Andelyensis pictoris aetatis* 56. *Romæ anno Jubilei* 1650, sur la toile qui est représentée dans le fond et avant la dédicace à M. de Chantelou, dans la marge du bas. Cette épreuve, qui est de la plus grande rareté, est d'un état antérieur à celle qui se trouve au cabinet des Estampes. Dans cettedernière, également avant toutes lettres et à l'eau-forte pure, on a effacé des travaux pour ménager quatre espaces blancs pour l'inscription : *Effigies*, etc. Elle est en parfaite condition et provient de la collection Debois.

71. La même estampe (5).

Très belle épreuve du deuxième état, avant l'adresse de Leblond.

72. Autre portrait de Nicolas Poussin (6).

Très belle épreuve.

73. Sainte Famille (9).

Très belle épreuve du premier état.

74. Le Baptême de Jésus-Christ (10).

Très belle épreuve du premier état.

75. L'Assomption de la Vierge (11).

Superbe épreuve du premier état.

76. Le Ravissement de saint Paul (12).

Belle épreuve.

77. L'Évanouissement d'Esther (14).

Superbe épreuve du premier état, dite au *Talon Blanc*. Très rare.

78. La même estampe.

Très belle épreuve du deuxième état : avant l'adresse de Vallet.

79. La Samaritaine (17).

Très belle épreuve du deuxième état.

80. Le Christ mort étendu près du Sépulcre (18).

Superbe épreuve du premier état.

81. Le Testament d'Eudamidas (29).

Très belle épreuve du premier état : avant les contretailles sur la lance.

81 *bis*. La même estampe.

Belle épreuve.

82. Les Travaux d'Hercule (36, 37, 38, 39, 40, 42, 44, 45). Huit pièces.

Très belles épreuves du premier état : avant la lettre.

82 *bis*. Sainte Famille. — Pierre et Jean guérissant les Malades Deux pièces.

Très belles épreuves.

83. **Stella** (Cl.). — Moïse sauvé des Eaux.

Très belle épreuve.

83 *bis*. Les Trois Croix.

Très belle épreuve.

83 *ter*. Moïse frappant le Rocher.

Très rare épreuve du premier état : avant la retouche.

84. **Poilly** (F. de). — Sainte Famille.

Très belle épreuve.

85. Le Passage de la mer Rouge. — L'Empire de Flore. Deux grandes pièces.

86. Moïse sauvé des Eaux. — Le Jugement de Salomon. — Ainsi se doit fléchir la Colère et l'Orgueil. — Éliézer et Rebecca. — Sainte Famille, etc. Quatorze pièces, par Piccart, G. Audran, Loir et autres.

Belles épreuves.

87. L'Empire de Flore. — Vénus endormie. — Bacchus et Ariane. — Bacchanale, etc. Huit pièces, par G. Audran, Daullé, Earlom, R. Cooper et autres.

Belles épreuves.

88. Léda. — Hermaphrodite. — Nymphes au Bain. — Renaud et Armide. — Les Bergers d'Arcadie. — Le Triomphe de Flore, etc. Quinze pièces, par B. Piccart, Audran, Stella et autres.

Belles épreuves.

89. Travaux d'Hercule, composés par le Poussin pour la grande galerie du Louvre. Douze planches gravées par A. Gelée. 1. vol. in-fol. obl. cart.

PROCACCINO (C.).

90. Repos en Égypte (B. 1). — Autre Repos en Égypte (3). Deux pièces.

Très belles épreuves.

RAIMONDI (Marc-Antoine).

91. Adam et Ève, d'après Raphaël (B. 1).

Superbe épreuve ayant malheureusement subi quelques restaurations aux quatre angles et au milieu, dans la partie blanche de l'estampe. Très rare.

92. L'Apôtre saint Paul (136).

Superbe épreuve.

93. Orphée et Eurydice (295).

Superbe épreuve avec une petite marge et dans un parfait état de conservation. Excessivement rare de cette qualité.

94. La Poésie, d'après Raphaël (382).

Epreuve de la plus grande beauté dans une parfaite condition. Extrêmement rare de cette qualité. Collection Révil.

RAVENNE (Marc de).

95. Vénus sur la Mer, d'après Raphaël (B. 323).

Superbe épreuve.

REMBRANDT (Van Ryn).

96. Le Sacrifice d'Abraham (B. 35).

Très belle épreuve. Collection Dreux.

97. Le Canal aux Cygnes (235).

Très belle épreuve.

98. Clément de Jonghe (272).

Superbe épreuve du quatrième état.

99. Vieille qui dort (250).

Très belle épreuve.

SAFT-LEVEN (H.).

100. L'Homme monté sur un Ane (B. 13).

Superbe épreuve avec les salissures de la planche très apparentes.

SARTE (A. del, d'après).

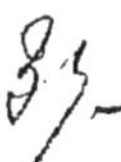

101. La Vie de saint Jean, peinte à fresque dans le cloître des Scalzi, à Florence. Quatorze planches gravées par Eredi et Cecchi.

SUYDERHŒF (J.).

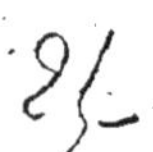

102. Les Bourgmestres d'Amsterdam, d'après T. Keyser.

Très belle épreuve.

TOSCHI (P.).

103. Groupe d'Apôtres, d'après le Corrège.

Très belle épreuve d'artiste, sur chine.

VÉNITIEN (A.).

104. Marche de Silène, d'après un dessin de Raphaël ou de J. Romain (B. 240).

Très belle épreuve avant l'adresse de Salamanque. Elle est signée *P. Mariette*. 1647.

VISSCHER (L.).

105. Jeune Homme portant un Chat et lui pinçant les oreilles, d'après J.-V. Loo.

Très belle épreuve du premier état : avant le trait carré renforcé au burin.

VORSTERMAN (L.).

106. Portrait d'Érasme, d'après Holbein.

Superbe épreuve.

ESTAMPES MODERNES

LITHOGRAPHIES

ACKERMANN.

107. Dessins pour Joailliers et Bijoutiers. Vingt-sept planches. *Londres,* 1836, in-4° cart.

ALAUX ET LESUEUR.

108. Vues de Rome. Quinze pièces.

Belles épreuves sur chine.

BELLAY (Ch.).

109. Nanna. — Pascuccia. Deux études de femmes Italiennes.

Belles épreuves sur chine.

ROSA BONHEUR ET AUTRES.

110. Etudes d'Animaux. Sept pièces.

BONNINGTON (R.-P.).

Cet œuvre, un des plus beaux et des plus complets connus, sera offert en entier. Si la mise à prix n'est pas couverte, il sera vendu séparément, suivant l'ordre indiqué ci-après.

111. Pesmes. — Vue générale de l'Église et de l'Abbaye de Tournus. — Façade de l'Église de Brou. — Tombeau de Marguerite de Bourbon dans l'Église de Brou. — Vue générale des Ruines du Château d'Arlay. — Ruines du Château d'Arlay. — Pierre de Vaivre. — Croix de Moulin-les-Planches. — Vue d'une Rue du Faubourg de Besançon. — *Bonnington lith.* 1825 et 1827 (Catalogue A. Bouvenne 1 à 9).

Neuf planches sur chine, pour le *Voyage en Franche-Comté* du baron Taylor.

112. Rue du Gros-Horloge à Rouen. — Vue générale de l'Église Saint-Gervais et Saint-Protais à Gisors. — Tour aux Archives à Vernon. — Tour du Gros-Horloge, bâtie sous la domination des Anglais en 1417, à Évreux. — Église de Saint-Taurin à Évreux. — *Bonnington lith.* 1824. (A. B. 10 à 14).

Cinq planches sur chine pour le *Voyage en Normandie* du baron Taylor.

113. Une Porte gothique du XVe siècle (Caen). Frontispice. — *Lith. de Feillet* (A. B. 15).

114. La Tour du Marché de Bergues. —*Lith. de Feillet* (A.B. 16).

Épreuve sur chine.

115. Château d'Arcourt (Lillebonne). —*Lith. de Feillet* (A. B. 17).

116. Maison, Grande Rue Saint-Pierre (Caen). —*Lith. de Feillet* (A. B. 18).

117. Vue prise de la Route de Calais (Abbeville). — *Lith. de Feillet* (A. B. 19).

118. Cathédrale Notre-Dame à Rouen, telle qu'elle était avant l'incendie de 1822. — *Lith. de Feillet* (A. B. 20).

Épreuve sur chine.

119. Maison située Rue Sainte-Véronique (Beauvais). — *Lith. de Feillet* (A. B. 21).

120. Église Saint-Sauveur (Caen). — *Lith. de Feillet* (A. B. 22).

121. Entrée de la salle des Pas-Perdus du Palais de Justice (Rouen). — *Lith. de Feuillet* (A. B. 23).

Épreuve d'essai avant la bordure et les noms de l'auteur et de l'imprimeur. État non décrit.

122. La même pièce.

Épreuve sur chine.

123. Fontaine de la Crosse (Rouen). — *Lith. de Feillet* (A. B. 24).

124. Voyage au Brésil. — Entrée de la Rade de Rio-Janeiro. — *Lith. Engelmann* (A. B. 25).

Épreuve sur chine.

125. Campos sur les Bords du Rio das Velhas. — *Lith. de Fourquemin* (A. B. 26).

Épreuve sur chine.

126. Le Repos. — La Prière. — La Conversation. — Le Silence favorable. — Les Plaisirs paternels. — Le Retour. — *Lith. de Lenglumé* (A. B. 28 à 33). Six pièces.

Épreuves sur chine.

127. Porte latérale à gauche de l'église de Saint-Wulfran (Abbeville). — *Lith. de Feillet* (A. B. 34).

128. Saint-Jean de Lyon. — *Lith. de Engelmann* (A. B. 35).

129. Le Matin. — *Lith. de Noël* (A. B. 36).

130. Porte gothique (A. B. 37).

Épreuve peut-être unique.

131. Porte d'une Maison en bois du xve siècle (A. B. 38).

Épreuve d'essai, sur chine.

132. Vues pittoresques de l'Écosse. Treize pièces (A. B. 41 à 53).

Premières épreuves, sur chine : avec l'adresse de *Colnaghi*, 1828, et avec le titre anglais.

133. Bologne (une Vue de), eau-forte publiée à Londres en 1828.

Très rare et belle épreuve sur chine.

134. Marine, d'après W. Mamby.

Très rare.

CALAMATTA (L.).

135. Le Masque de Napoléon, d'après le plâtre moulé à Sainte-Hélène.

Très belle épreuve d'artiste, avant toutes lettres.

136. Portrait de G. Sand, 1840.

Très belle épreuve avant la lettre, sur chine.

CALAME (A.).

137. Vue de Suisse.

Très belle épreuve avec le nom tracé à la pointe.

CHAPUY.

138. Vues pittoresques de la Cathédrale d'Arles. Cinq planches avec texte. Paris, 1829. In-4°, cart.

CHARLET.

139. L'Acteur Odry (L. C. 3). — Hussard au Galop (19, R. R. R.). — Deux Hussards au Galop (20, R. R. R.). Trois pièces.

140. Voltigeurs en Tirailleurs (21, R. R. R.). — Lanciers au Bivouac (22, R. R.). — Poste Avancé (22, R.). — Déroute de Cosaques (26, R.). Quatre pièces.

141. Colonne d'Infanterie en marche (27). — La Consigne (29, R.). — Invalides à la Pêche (30, R.). — Cuirassiers chargeant (31, R.). — La Bienfaisance (32, R.). L'Hospitalité (33, R). — La Conversation. Sept pièces.

142. La Bienvenue (35, R.). — Le Décrotteur (36, R.). — Les Quatre Mendiants (37, R.). — Le Grenadier de Waterloo (39, R.). Quatre pièces.

143. Les Deux Grenadiers de Waterloo (40, R. R. R.), plus la copie par Eugène Le Roux.

144. Le Drapeau Défendu (42, R.). — Les Français après la Victoire (43, R. R.). — La Mort du Cuirassier (44, R. R.). Trois pièces.

145. Invalide la Pipe à la bouche (46, R. R. R.), — Le Joueur de Marionnettes (48, R. R.). — Les Maraudeurs (49, R. R.). — Les Invalides en Goguette (50, R.). — Grenadier manchot (51). Cinq pièces.

146. M. Pigeon en grande tenue (53, R.). — Deux Prisonniers russes amenés devant un Officier français (54, R.). — Prisonniers autrichiens (55). — Le Vin de la Comète (56). — Le Peintre d'enseignes (57). Cinq pièces.

147. *Que dit-on?* (58). — *On dit* (59, R. R.). — *On dit* (60). — *On ne dit rien* (61). — *Ils s'en vont* (62). — *Il faut en rire* (63). — *Je boude avec les Blancs* (64, R. R. R.). — Gaspard l'Avisé (65). Huit pièces.

148. Infanterie légère montant à l'Assaut (66, R.). — Siège de Berg-op-Zoom à la Petite Provence (67, R. R.). — Courage, Résignation (68, R. R.). — Le Caporal blessé et son Chien lui léchant sa blessure (69, R. R.). Quatre pièces.

149. Mendiants — Grenadier assis avec un enfant — Braconnier. Les Gueux (70-73). — Le Soldat français (74, R. R.). — Cuirassier français tenant un Drapeau (76, R.). — Le Menuet (77, R. R.). — La Gamelle compromise (78, R. R.). — La Cuisine au Bivouac (79, R. R.). Neuf pièces.

150. Délassement des Consignés (80, R. R.). — Vieillard montrant le portrait de Cambronne à des enfants (81, R. R. R.). — *Au Maréchal Brune* (82, R. R. R.). Trois pièces.

151. L'Instruction militaire (83, R. R.). — Le Soldat musicien (84, R. R.). — Le Marchand de Dessins lithographiques (85, R.). — Les Maraudeurs (86, R. R.). — L'Aumône (avant la lettre, 87, R.). Cinq pièces.

152. Jeune Soldat se découvrant devant un Invalide (88, R. R.). — *A moi les Anciens!* (89). — Appel du Contingent communal (90, R. R.). — Le Quartier Général (91). Quatre pièces.

153. Les Pénibles Adieux (92, R.), deux épreuves différentes. — *J'attends de l'Activité* (94, R.). — *Toi!... Oui, moi!...* (95, R. R.). — Entrée ou Milord Gorju, et Sortie ou Milord La Gobe (96 et 97, R. R.) — *Je l'ai gagnée à Friedland* (98, R. R.). — Les Consignés prenant les armes pour la Corvée du quartier (99, R. R. R.). Huit pièces.

154. *Doucement la mère Michel!* (deux différents états, 101, R.). — L'Intrépide Lefebvre (102). — *C'est mon père! C'est mon père!* (103). — *Soyez plutôt maçon, si c'est votre métier* (104, R.). — Réjouissances publiques (105, R. et 293). Sept pièces.

155. Siège de Saint-Jean d'Acre (107, R. et 108, R. R. R.). Deux pièces.

156. Costumes militaires. Dix-sept pièces imprimées chez *Lasteyrie* en 1817 et 1818. Suite très rare à trouver complète (110 à 126).

157. Costumes militaires. Vingt-huit pièces, à la plume, imprimées chez *Delpech* en 1817-1818 (127 à 154).

Épreuves en noir.

158. Dragon d'élite. — Grenadier à pied de la Vieille Garde (155 et 156). Deux pièces.

159. Costumes de la Garde Impériale, 1819 et 1820. Suite de trente pièces (157-186).

160. Costumes d'Infanterie (Armée de 1809). Suite de douze pièces (187 à 201, R. R.), manque les numéros 196, 198 et 200, qui sont très rares. Cinq pièces sont avant les numéros.

161. Grenadier à pied de la Garde Impériale, Dragon d'élite (202 et 203). — Infanterie légère française : Carabinier et Voltigeur (204 et 205). Quatre pièces.

162. Costumes de Corps militaires faisant partie de l'Armée française avant et pendant la Révolution ((211 à 217). Sept pièces.

163. L'Empereur et la Garde Impériale (218 à 264). Il manque les numéros 218, 221, 224, 226, 234, et 258. Ensemble quarante pièces, dont dix-huit avant la lettre.

164. La Nymphe de la Tamise (265, R. R. R.).

165. Les Quilles (271). — Piété et Impiété (273 et 274). — *J'obtiens de l'Activité* (275). — *Au rendez-vous d'Austerlitz* (277). — *Vous croisez la bayonnette sur les vieux amis! Vous n'êtes donc plus Français!* (278). — École du Balayeur (279). — *Voilà pourtant comme je serai demain* (280). Huit pièces.

166. Louis XVIII, vu par le dos, au balcon des Tuileries (288, R. R. R.). — *Entrez, entrez chez Gihant* (289). Deux pièces.

167. Je suis innocent, dit le Conscrit (291), — Le Soleil luit pour tout le monde (290). — *Papa, Dada!* (295). — *Papa Nanan!... — Papa Caca!...* (296 et 297 R). — *Le Laboureur nourrit le Soldat* (298). — Le premier Coup de feu. — Le second Coup de feu (299 et 300). Huit pièces.

168. L'Insubordination (303). — Elle a le cœur français ! l'Ancienne (304). — Le Billet de logement (307). — Au Commandement de : Pas d'observations ! (310). — Capitaine, j'ai des faiblesses (311). — Honneur au courage malheureux (312). — Au commandement de : Halte! (309). — Saint Jérôme (320, R. R). — Le Gamin éminemment et profondément national (332). — Pingard et Buchette (338). — Charge de Chevau-légers (339). — Essai à la manière noire (340). — Quand tu n'as pas de poires sur tes cahiers, etc. (344). — Le Magister de Village (351). — Campagnard à cheval (352, R. R.). — La Bourse, 1840 (359.) Seize pièces.

169. Le plus délicieux et le plus ailé des Bizets (354) — Vieux Mendiant. — Vieux soldat (364 et 365). — Croquis (389). — Fragment de Bataille (411). — Lanciers en marche (412). — Une Vivandière et des Lanciers (417). — Billoux dans une Balance (425). — Billoux faisant la Parade (427). — Le Vert-de-Gris (428). — *En v'la des bêtises*, etc. (464). — Vignette pour la pièce des Cuisinières (476, R.). — Chant funèbre à la mémoire de Juhel (500). — Le Vrai Moutard de Paris (499). — Intérieur d'une Baraque de Charbonniers (443). Quinze pièces.

170. Un gros Aveugle entraîné à l'eau par son Chien (501, R. R. R.) — Vainqueurs et Vaincus, etc., (514). — Discours du Légionnaire à ses Enfants (543). — Guérillas Navarrais (549).

171. Croquis à la manière noire, sujets philosophiques, populaires, moraux, politiques, etc. (967 à 978). Douze pièces avec un titre.

172. La Marseillaise (979, R. R.). — *Tremblez, ennemis de la France!* (980, R. R.); deux différentes épreuves. — Je crains la Salle de police (981, R. R.); deux diff. épr. — La vieille Aristocratie (982, R. R.). Deux diff. épr. — *T'as beau regimber* (983, R. R). — *Un système parlementaire? Quel cent diable est-ce que ça peut don k'être?* (984, R. R.). Trois diff. épreuves. — *Quand j'aurai fait mes vuit ans,* etc. (985 R. R.); deux diff. épreuves. Treize pièces.

173. Les quatre Mendiants. — Le Grenadier de Waterloo. — La Mort du Cuirassier. — Déroute de Cosaques. — M. Pigeon en grande tenue. — Les Pénibles Adieux. — Dragon d'élite. — Costumes militaires, etc. Seize pièces.

COGNIET (L.).

174. Les Tirailleurs. — Traîneau esquimau. — Une Cour de Rome. — Un Abri dans la Campagne de Rome. — Frascatane. Cinq pièces.

DAUMIER.

175. Mœurs conjugales. — Soixante planches in-4°. Cart.
Belles épreuves.

176. Histoire ancienne. Cinquante planches in-4°. Cart.
Belles épreuves.

177. Actualités, Proverbes et Maximes. — Bohémiens de Paris. — La Journée du Célibataire. — Les Parisiens. — Les Gens de justice. — La Caricature, etc. Deux cents pièces.

DEBUCOURT (P.-L.).

178. La Course anglaise. — Promenade Anglaise. — Rencontre d'Officiers anglais. — La Partie de plaisir. — Les Anglais à Paris. — Artilleur anglais. — Officiers Anglais et Écossais. — Militaires Écossais. — Militaires de la Garde Impériale Russe et Allemande. — La Marchande de Coco. — Adieux d'un Russe à une Parisienne. — Cosaque irrégulier portant des Dépêches. — Cuirassier Prussien. — Uhlan Prussien. — Officiers Prussiens. — Officier de Dragons Danois. — Mameluck. — Persan voulant dompter un Cheval français. — La Bonne d'Enfants en promenade. — Officier et Grenadier de la Garde Royale française. — La Marchande de Saucisses. — La Marchande de Cerises. — La Marchande de Poissons. — Il n'y a pas de Feu sans Fumée. — Le Modèle à barbe. — Le Coup de vent. — Le Chiffonnier. — Rempailleur de chaises. Vingt-huit pièces d'après Carle Vernet dont vingt-quatre imprimées en couleur et quatre en noir. En un vol. cart.

179. La Femme et le Mari ou les Époux à la Mode. — Le Café Procope. Deux pièces.

Belles épreuves.

DECAMPS (A.-G.).

180. Les Anes sous le toit.

Deux épreuves dont une, du premier état, avant le numéro 12; sur chine.

181. Corps de garde turc. — Arabe monté sur un Ane, épreuve d'essai. Deux pièces.

182. Sujets de Chasses. Deux cahiers de vingt pièces et un titre.

Très belles épreuves sur chine.

183. Titres de Romances. Huit pièces dont quatre sont avant l'adresse de l'éditeur.

184. Le Thermomètre. — Le Savoyard. — Massacre de Scio. — Batailles de Mondovi et d'Aboukir, etc. Quatorze pièces.

185. La Caricature. — Caricatures politiques, etc. Douze pièces.

186. Croquis, sujets pour l'artiste. Trente pièces, sur chine et sur blanc.

DECAMPS (d'après A.-G.).

187. Compositions lithographiées par Eug. Le Roux et autres. Vingt-cinq pièces.

DELACROIX (E.-F.).

188. Femme nue couchée, vue de dos.

Très belle épreuve avant toutes lettres, sur chine.

189. Panthère couchée.

Superbe épreuve avant toutes lettres, sur chine. Très rare.

190. Tigre couché dans le Désert.

Très rare et superbe épreuve d'essai, avec des essais de burin autour de la planche, avant toutes lettres et avant l'adresse de Picot.

191. Panthère bondissant sur un Cheval noir et le saisissant au cou.

Superbe épreuve, sur chine, d'une pièce fort rare, tirée à quelques épreuves.

192. Panthère bondissant sur un Cheval noir et le saisissant au cou.

Superbe épreuve, sur chine, d'une pièce tirée à quelques exemplaires.

193. Nègre à cheval. — Marguerite rêvant près de son Rouet. — Sujets pour *Hamlet*. — Chroniques de France, Château de Pontorson. — Femme d'Alger étendue à terre. — Lion dévorant un Cheval, etc. Treize pièces.

Très belles épreuves.

194. Lion de l'Atlas. — Tigre royal. Deux pièces.

Très belles épreuves, sur chine.

DIVERS.

195. Eaux-fortes par Veyrassat, Calame, Daubigny, Flameng, Jacquemart, Corot et autres. Vingt-cinq pièces.

196. Léon X, par Morghen. — Michel-Ange, par Longhi. — Bernardin de Saint-Pierre, par Laugier. — Gros, par Vallon. — Napoléon Ier, par Longhi et Royer, etc. Dix-huit petits portraits avant et avec la lettre.

197. Madame de Sévigné et Madame de Grignan, par Masquelier. — Madame Scarron, par Laugier. — Franklin, — Montaigne, — Washington, etc. Huit pièces avant la lettre.

FIELDING (N.).

198. Canards sauvages, animaux dessinés en 1829. Treize pièces.

FLAMENG (L.).

199. La Leçon d'Anatomie, d'après Rembrandt.

Très belle épreuve avant la lettre.

200. Une Halte à la porte d'une Hôtellerie, d'après Heiss.

Très belle épreuve avant la lettre, sur chine.

FROEHNER (W.).

201. Les Musées de France. Recueil de Monuments antiques. Quarante planches avec texte. Paris, 1873, in-fol., dem., rel.

GAVARNI.

202. Portrait de Gavarni, lithographié par Lafosse 1867.
Épreuve sur chine.

203. Madame la Duchesse d'Abrantès (Catalogue de l'Œuvre de Gavarni, par MM. J. Mahérault et E. Bocher, n° 1).
Deuxième état.

204. Arnal, du Théâtre du Vaudeville (7).
Premier état, sur chine.

205. Mme Cénau, du Théâtre de la Porte-Saint-Martin (15).
Premier état : avant toutes lettres.

206. Quatre-vingt-dix ans (Chevalier, père de Gavarni) (19).
Deuxième état.

207. Mlle Déjazet, rôle de la Périchole, Théâtre du Palais-Royal (21).
Deux épreuves dont une sur chine.

208. E. Dupaty, de l'Académie Française. — Alcide Tousez, rôle de Bobèche. —Mlle Wilmer, rôle de Ruben, dans la *Vallée aux Fleurs*.—Henri Monnier (22, 52, 67 et 73). Cinq pièces.
Épreuves du deuxième état.

209. S. M. l'Impératrice Eugénie. — S. A. I. Mme la Princesse Mathilde. — S. M. la Reine Victoria (25, 48 et 69). Trois pièces.

210. Gavarni (34).
Deux épreuves, deuxième et quatrième état.

211. *Pauvre Mère,* quatrième acte. Adolphe Laferrière, rôle de Georges (41).
Épreuve du premier état, tirée avec cache-lettre.

212. Mélingue (49).
Premier état : avant la lettre, sur chine.

213. Mme Montigny (53. R. R. R.).
Très belle épreuve avant la lettre, sur chine.

214. Mlle Nourtier (55).
Premier état : avant toutes lettres.

215. M. et Mme Taigny, artistes du Vaudeville (63).

Premier état : avant toutes lettres.

216. Gulnare (Mlle Waldor) (72).

Épreuve du premier état, sur chine.

217. Alfred de Musset (79).

Épreuve du deuxième état.

218. Messieurs du Feuilleton. Suite de neuf portraits à mi-jambes ou à mi-corps (81-89).

Épreuves du deuxième état, sur chine.

219. A bas les Médecins (90. R. R.).

Deuxième état : avant la lettre, sur chine.

220. L'Albanaise (91).

Deuxième état : avant la lettre, sur chine.

221. Amour pour Amour (93).

Premier et deuxième état, sur chine.

222. Les Cellariennes (99. R.).

Deuxième état : avant la lettre, sur chine.

223. La Cloche (101).

Premier état : avant toutes lettres, sur chine.

224. Les Enfants terribles (105. R. R.).

Premier état : avant la lettre, sur chine.

225. Le Cœur du Marin. — L'Eau merveilleuse. — La Feuille et le Serment. — L'Heure sainte. — Premier Amour. — Sympathie (102, 104, 107, 109, 121). Cinq pièces.

Épreuves des deuxième et troisième états.

226. Fleurs d'Orient (108).

Premier état : avant la lettre, sur chine.

227. Mais pourquoi pleurer? (113).

Deuxième état : avant la lettre, sur chine.

228. Les Lis et les Roses. Suite de six pièces, dont nous ne possédons que cinq, y compris le titre, qui est très rare (140-144).

Épreuves du deuxième état, sur chine.

229. Mélodies de Mme Gavarni. Suite de dix pièces (146-155).

Épreuves du deuxième état, sur chine, plus une pièce double, le numéro 5 de la suite, en épreuve du premier état.

230. *L'Artiste.* Quarante-six lithographies faisant partie d'une suite de pièces dessinées par divers artistes pour *l'Artiste, Journal de la Littérature et des Beaux-Arts* (156-213).

Très belles épreuves, dont un grand nombre en épreuves du premier état, la plupart sur chine.

231. La Jalousie (207).

Très rare épreuve d'essai, imprimée au recto et au verso; les marges sont couvertes d'essais de crayon lithographique.

232. Le Verre d'eau. — La Robe de chambre (217-217). Deux pièces pour *Bagatelle, Journal littéraire.*

233. Le Commentaire. — Pepa. — La Captive. — Projets de Bonheur. — Avenir et Souvenir. Cinq pièces faisant partie d'une suite de pièces dessinées par divers artistes pour *les Beaux-Arts. — Paris, Curmer,* 1843-1844 220-224).

La pièce décrite sous le numéro 220 est d'un état antérieur au premier décrit, elle est avant toutes lettres. Les numéros 222 et 224 sont du premier état, avant la lettre.

234. La Procession du Diable, grande pièce en deux morceaux. — Suite de la Procession du Diable. — Mlle Monarchie, Félicité-Désirée. Quatre pièces (227-230) faisant partie d'une suite de deux cent cinquante-quatre pièces dessinées par divers artistes et publiées hors texte dans le journal *la Caricature.*

235. Les Actrices. Suite de quatorze pièces (231-244).

Épreuves du deuxième état.

236. Les Fantaisies (245, 246, 291, 305). Suite de quatre pièces, plus deux pièces doubles en épreuves du premier état. — L'Atelier du Lithographe (246). — Les Parasols (249). — Des Phrases. Suite de quatre pièces (264-267). Ensemble douze pièces.

237. Le Dimanche (268-272). — Industrie des Enfants (285). — Muses (288-290). — Fantaisies (296). — Plaisirs champêtres (300). — Revers des Médailles (301-302). — Rien n'est bien (303-304). — Un Congé de semestre (310). — Un Enfant terrible (311). — Va, Enfant (312). — Janvier, les Étrennes (318). Vingt pièces.

238. Les Artistes. — Les Bosses. — Le Chevalier de Nogaroulet. — Croquis fantastiques. Vingt et une pièces.

239. Le Carnaval à Paris (398-422 et numéros 251-257, 1703 et 1704).

Suite de quarante pièces, dont nous ne possédons que trente quatre (manquent les numéros 2, 3, 24, 25, 31 et 32), plus huit pièces doubles en épreuves avant la lettre. Ensemble quarante-deux pièces.

240. Clichy. Suite de vingt et une pièces (429-448).

241. Les Débardeurs (523).

Premier état : avant toutes lettres.

241 *bis*. Le Diable hors Barrière. — Les Étudiants de Paris. — Fourberies des Femmes (deuxième série). Onze pièces.

Très belles épreuves, trois sont avant la lettre.

242. Industries faciles (740).

Deux épreuves, dont l'une est avant la lettre.

243. Frontispice de la suite des Enfants terribles (565).

Deux épreuves avant toutes lettres dont une toute première épreuve d'essai, avec de nombreux essais de crayon lithographique dans les marges.

244. Les Lorettes. Suite de soixante-dix-neuf pièces (763-841), dont nous ne possédons que soixante-quinze; manquent les numéros 5, 7 et 8 de la suite.

Très belles épreuves sur chine, plus une pièce avant la lettre le numéro 56.

245. Les Maris vengés. — Les Petits Malheurs du Bonheur. — Politique des Femmes. — Traductions en langue vulgaire. — Transactions. — Un Couplet de Vaudeville. Trente-quatre pièces.

Très belles épreuves, une est avant la lettre.

246. Baliverneries parisiennes (numéros 9, 21 et 22 de la suite).

Superbes épreuves du premier état : avant toutes lettres. L'inscription manuscrite du numéro 20 est de Gavarni.

247. Le Carnaval (numéros 4, 26-29, 30, 31, 35 et 39 de la suite). Sept pièces.

Épreuves avant la lettre, moins le numéro 26, qui est avec la lettre. Sur les numéros 29, 31 et 35 les inscriptions manuscrites sont de Gavarni.

248. Faits et Gestes des Propriétaires (numéros 4 et 6 de la suite).

Épreuves du premier état : avant toutes lettres.

249. Gentilshommes Bourgeois (1087). — Les Patrons (1141). Deux pièces.

Très belles épreuves du premier état : avant toutes lettres.

250. Impressions de ménage (deuxième série) (1090-1128). Numéros 2, 6, 8, 35 36 et 37 de la suite. Six pièces.

Épreuves du premier état : avant toutes lettres, tirées sur blanc et sur chine.

251. Manière de voir des Voyageurs. Suite de dix pièces (1148-1151, 1387-1389 et 1787-1789).

251 *bis*. Interjections. Suite complète de quatre pièces (1166-1169). — La Politique (1171-1179). Neuf pièces. Ensemble treize pièces.

Belles épreuves, plusieurs sont doubles.

252. Politique des Femmes (1180-1197 et 949-950). Suite de vingt pièces, dont nous ne possédons que dix-sept (manquent les numéros 3 et 20).

253. Courrier des Enfants (1143-1146). Quatre pièces. — Figaro trouvera toujours du bois vert (1165). — Marie-Rémond (1170). — Les Rêves, suite complète de six pièces (1198-1203). Ensemble treize pièces.

254. Le Salon. Suite de trois pièces (952 et 1204-1205). — Voilà pourtant comme je serai dimanche (1207). — Voyez le restant de la vente (1208). — Le Bal masqué, d'après Biard, pièce non décrite. Six pièces.

255. Mélancolie (1213). — Marchand de Hannetons (1215). Deux pièces tirées du *Journal des Gens du Monde*).

256. *Journal des Jeunes Personnes*. Album de 1833. Trois pièces (1217-1219). — Album de 1834. Une pièce (1221). — Album de 1835. Quatre pièces (1226, 1228, 1229, 1230). Les deux derniers numéros de cette dernière suite sont avant la lettre. Ensemble huit pièces.

257. Le Mari à la Ville (1235).

Épreuve du premier état.

258. *Masques et Visages.* — Les Anglais chez eux. Suite complète de vingt pièces (1239-1256 et 1755, 1756).

259. Bohêmes. Suite complète de vingt pièces (1257-1276).

260. Ce qui se fait dans les meilleures sociétés. Suite de dix pièces (1277 et 1757-1765).

261. L'École des Pierrots. Suite de dix pièces (1278-1281 et 1766-1771).

Plus une pièce double, numéro 10 de la suite, en épreuve d'essai, avec des essais de crayon lithographique dans les marges.

262. Études d'Androgynes. Suite de dix pièces (1282-1291). — La Foire aux Amours. Suite de dix pièces (1292-1301). Ensemble vingt pièces.

263. Histoire d'en dire deux. Suite de dix pièces (1302-1311).

Le numéro 2 de la suite est double, en épreuve avant la lettre.

264. Histoire de politiquer. Suite de trente pièces (1312-1337 et 1772-1775).

Plus deux pièces doubles, les numéros 1 et 7 de la suite, en toutes premières épreuves; elles sont imprimées, l'une sur une feuille d'étude et l'autre sur un portrait lithographié de C. Nanteuil.

265. Les Lorettes vieillies. Suite de trente pièces (1368-1386 et 1776-1786).

Plus une pièce double, le numéro 8 de la suite, en toute première épreuve, avec des essais de crayon lithographique dans les marges.

266. Les Invalides du Sentiment. Suite de trente pièces (1238-1367).

267. Les Maris me font toujours rire. Suite de trente pièces (1390-1419).

268. Les Parents terribles. Suite de vingt pièces (1420-1436 et 1790-1792).

269. Les Partageuses. Suite de quarante pièces (1437-1475).

270. Les Petits mordent. Suite de dix pièces (1476-1485). — Piano. Suite de dix pièces (1486-1493 et 1794, 1795). Ensemble vingt pièces.

271. Les Propos de Thomas Vireloque. Suite de vingt pièces (1494-1509 et 1796-1799).

Sur blanc et sur chine.

272. Revue des Peintres (1510).

Épreuve du premier état.

273. Musiciens comiques et pittoresques. Suite de vingt-huit pièces (1512-1539).

Belles épreuves des deuxième et troisième état, sur blanc et sur chine.

274. Physionomie des Chanteurs. Suite de dix-sept pièces (1540-1546). Sept pièces publiées dans la *Revue et Gazette musicale* (1557-1563). Ensemble vingt-quatre pièces.

Belles épreuves des deuxième et troisième état, sur blanc et sur chine.

275. Quatre pièces faisant partie de la suite des *Contes du Chanoine Schmidt. Paris, A. Royer*, 1843 (1568-1588). Numéros 11, 13, 15 et 16 de la suite.

Très belles épreuves du premier état : avant la lettre, moins le numéro 11.

276. D'après Nature. Suite de quarante pièces, dont nous ne possédons que trente-sept. Manquent les numéros 7, 15 et 37 de la snite.

Trois pièces, les numéros 14, 23 et 25, sont avant la lettre.

277. Album de l'Infini. Suite de six pièces (1649-1654).

278. Amours. Suite de douze pièces (1655-1667).

279. Les Artistes anciens et modernes. Suite de six pièces (1669-1674).

Les numéros 1671, 1672 et 1673, sont du premier état, avant la lettre.

280. Les Artistes contemporains. Suite de cinq pièces (1675-1679).

Épreuves avant la lettre.

281. La Boîte aux Lettres (348-351 et 1684-1696).

Treize pièces, épreuves du premier tirage.

282. Caractères. Suite de six pièces (1697-1702, R. R. R.).

Très belles épreuves, avant toutes lettres.

283. Chemin de Toulon (1710).

Épreuve du premier état : avant toutes lettres, avec l'inscription manuscrite de la main de Gavarni.

284. Études d'Enfants. Suite de douze pièces (1716-1725).

Belles épreuves du deuxième état, sur chine.

285. Fourberies des Femmes. (1re série) (1728-1739). Numéros 2, 3, 5, 6, 7, 8, 9, 10 et 12 de la suite. Neuf pièces.

Le numéro 7 est en épreuve avant la lettre.

286. Causerie (1740).

287. La Littérature illustrée. Suite de lithographies annoncées sous ce titre, et dont il n'a paru que douze pièces, numérotées de 1 à 6, pour les *Confessions de J.-J. Rousseau,* et de 7 à 12, pour *Jocelyn,* poème de Lamartine (1742-1753).

Épreuve du deuxième et du troisième état, plus 7 pièces doubles sans différences.

288. *Masques et Visages, nouvelle série.* — Par-ci, par-là. Suite de cinquante pièces (1800-1849), dont nous ne possédons que quarante et une. Manquent les numéros 1, 2, 4, 5, 8, 9, 15, 17 et 25 de la suite.

Trente pièces sont avant la lettre, tirées sur chine; onze sont avec la lettre et sur blanc.

289. Physionomies Parisiennes. Suite de cinquante pièces (1850-1899).

Très belles épreuves, dont un grand nombre avant la lettre.

290. Miscellanea (1900, 1901, 1905). Trois pièces.

Épreuves avant la lettre, tirées sur chine, moins le numéro 1901, qui est avec la lettre et tiré sur blanc.

291. Les Misères. Suite de six pièces (1907-1912, R. R.).

Épreuves rognées au trait carré.

292. Paris au XIXe siècle. Suite de six pièces (1922-1927).

Très belles épreuves du troisième état, moins les numéros 1 et 4 de la suite qui sont du premier.

293. Les Petits Bonheurs des Demoiselles (1966-1973). Numéros 1, 4 et 7 de la suite. Trois pièces.

Le numéro 7 est avant la lettre.

294. Les Petits Jeux de Société. Suite de six pièces (1974-1979). — Petits Métiers. Suite de trois pièces (1980-1982). Ensemble neuf pièces.

295. Petites Scènes diaboliques (1984, R. R. R.).

296. Le Revers des Médailles. Deux pièces (1993-1994).

297. Scènes de la Vie intime Suite de douze pièces (2001-2013, R. R. R.).

298. Tireuse de Cartes. — Pudeur perdue (2014-2015).

Très belles épreuves du premier état, celui du numéro 2014 n'est pas décrit.

299. Souvenirs du Carnaval. Suite de six pièces (2016-2022). Onze pièces, dont cinq doubles avec des différences.

300. Les Toquades. Suite de vingt lithographies inédites (2029-2048), dont nous ne possédons que quinze. Manquent les numéros 7, 8, 9, 10 et 12 de la suite.

Épreuves sur chine.

301. Types contemporains (2049-2053). Suite de cinq pièces, dont nous n'avons que quatre.

Belles épreuves du deuxième état.

302. T'en souviens-tu, Friponne? (2057, R.). — C'est toi, mauvais Sujet (2058, R.). — Un Cabinet chez Pétron (2060, R.). — La Croix de Jésus (2066, R.). Sept pièces.

Belles épreuves, dont plusieurs doubles en différents états. Rares.

303. Vois mon Mari derrière (2065, R.).

304. Déjeuner de Garçon (2062, R.). — Promenade (2063, R.). Deux pièces.

305. Bonjour, ami (2064, R. R.).

306. Balayeur des Rues (2073). — Marchand de Casseroles (2074). Deux pièces.

Épreuves sur chine.

307. Élisa (2077, R. R. R.).

Sur chine.

308. On l'entoure (2080, R. R. R.).

Sur chine.

309. Argent mal employé (2091, R. R. R.).

310. Maraudeur (2096, R. R. R.).

Sur chine.

311. Magicienne (2099, R. R. R.).

Sur chine.

312. Rue Saint-Jean (2103, R. R. R.).

Sur chine.

313. Indécision (2105, R. R. R.).

Sur chine.

314. Pierrot (2106, R. R. R.).

On lit, au bas, à droite, écrit à l'encre par Gavarni : *Bon à tirer. Gavarni.*

315. Ma Femme dessine le Paysage (2107, R. R. R.).

Sur chine.

316. Prière à la Vierge (2109, R. R. R.).

Sur chine.

317. Contrebandier Espagnol (2110, R. R. R.).

Sur chine.

318. L'Odalisque (2116, R. R. R.).

Sur chine.

319. Les Lilas (2127, R. R. R.).

Sur chine.

320. Tendresse (2129, R. R. R.).

Sur chine.

321. L'Écharpe (2130, R. R. R.).

Sur chine.

322. Bouderie (2132, R. R. R.).

Sur chine.

323. Orientale (2137, R.).

Sur chine.

325. Confidence (2139, R, R, R.).

Premier état : avant toute lettre, sur chine.

326. Deux Amies (2141, R. R. R.).

Sur chine.

327. Rencontre sur la Montagne (2142, R. R. R.).

Sur chine.

328. Projets de Bonheur (2146, R. R. R.).
Sur chine.

329. Monsieur un tel (2147, R. R. R.).
Sur chine.

330. Piété filiale (2152, R. R. R.).
Sur chine.

331. La Réponse (2153, R. R. R.).

332. Une jolie Femme en 1790 (2170, R. R. R.).

333. Deux Artistes d'autrefois (2171, R. R. R.).

334. Marocains (2174, R. R. R.).
Sur chine.

335. Un Épisode au Bal masqué (2182, R. R. R.).
Sur chine.

336. Gargantua (2183, R. R. R.).
Sur chine.

337. L'Abeille Impériale. Suite de sept pièces (2191-2197).
Épreuves sur chine.

338. Quatre pièces, publiées dans le journal *l'Artiste* (2198, 2199, 2200, 2202).
Les numéros 2200 et 2202 sont en épreuves avant la lettre.

339. Costumes de Chasse (2344). Premier état. — Fashionables (2354). — Travestissements originaux (2355). Épreuve coloriée. Trois pièces.

340. *Le Monde Dramatique*. Deux pièces publiées dans ce journal (2405-2406).
Belles épreuves, la dernière est avant toutes lettres.

341. Nouveaux Travestissements (2509-2586). Suite de soixante-dix-huit pièces, dont nous ne possédons que quinze.
Très belles épreuves, la plupart avant la lettre, sur blanc et sur chine.

342. Travestissements. Suite de douze pièces (2627-2639).
Épreuves du troisième état.

343. Travestissements originaux (2646, R. R. R.).
Sur chine.

344. Différents Travestissements (2663, R. R. R.). Cinq pièces.

345. Éloquence de la Chair. Suite complète de vingt-une pièces. — Impressions de ménage. Suite complète de trente-six pièces. Ensemble cinquante-sept pièces réunies en 1 vol., dem.-rel. veau fauve.

Très belles épreuves, sur chine, des premiers tirages avec la lettre.

346. Les Débardeurs. Suite complète de soixante-six pièces. — Musée de Gavarni. Suite de vingt-huit pièces. Ensemble quatre-vingt-quatorze pièces réunies en 1 vol., demi-mar. rouge avec coins.

347. Les Fourberies des Femmes. Deuxième série, cinquante-deux pièces. — Les Étudiants de Paris, Quarante-deux pièces. — Clichy. Vingt-une pièces. — Politique des Femmes, Seize pièces (manquent les numéros 2 et 35). Ensemble cent trente-sept pièces réunies en un vol., demi-rel.

Très belles épreuves sur chine, des premiers tirages avec la lettre.

348. Les Débardeurs. Suite complète de soixante-six pièces (moins les numéros 10, 21, 24 et 25, qui font double emploi avec d'autres suites). — Paris le Matin. Suite complète de douze pièces. — Paris le Soir. Suite complète de vingt-cinq pièces. — Leçons et Conseils. Suite complète de vingt pièces. — Les Martyrs. Suite de huit pièces. — Souvenirs du Bal Chicard. Suite complète de vingt pièces. — Les Bals masqués. Suite de sept pièces. — Souvenirs de Carnaval. Neuf pièces. Ensemble cent soixante-trois pièces réunies en 1 vol., dem.-rel.

Très belles épreuves des premiers tirages avec la lettre, la plupart des suites sont sur chine.

349. *Œuvres nouvelles*. — Affiches illustrées. Six pièces. — Balivernes parisiennes. Vingt-quatre pièces. — Carnaval. Cinquante pièces. — Chemin de Toulon. Dix pièces. — Faits et Gestes des Propriétaires. Six pièces. — Gentilshommes Bougeois. Trois pièces. — Impressions de Ménage. Deuxième série, trente-neuf pièces. — Les Mères de Famille. Cinq pièces. — Parents terribles. Une pièce. — Le Parfait Créancier. Dix pièces. — Les Patrons. Deux pièces. — Ensemble, cent cinquante-six pièces, reliées en 2 vol., demi-maroquin violet.

GÉRICAULT (J.-L.-T.-A.).

Cet œuvre, un des plus beaux et des plus complets connus, sera offert dans son entier. Si la mise à prix n'est pas couverte il sera vendu séparément, suivant l'ordre indiqué ci-après.

350. Son Portrait, un bonnet grec sur la tête, par Léon Cogniet.

Très belle et très rare épreuve avant toutes lettres.

351. Bouchers de Rome (Catalogue de l'Œuvre de Géricault, par M. Charles, Clément, numéro 1, R. R.).

Très belle épreuve.

352. Le Porte-Étendard (3, R. R. R.).

Superbe épreuve d'une pièce exécutée au crayon et au lavis, et dont il n'a été tiré que quelques exemplaires après la mort de Géricault.

353. Trompette de Lanciers (4).

Calque de cette pièce dont on ne connaît que deux épreuves.

354. La Laitière et le Vétéran (6 R.).

Très belle épreuve.

355. Je rêve d'elle au bruit des flots (7, R.). *Lith. de Engelman.*

Très belle épreuve.

356. Mameluk de la Garde Impériale défendant un jeune Trompette blessé, contre un Cosaque qui arrive au galop (8, R. R.).

Superbe épreuve.

357. Les Boxeurs (9, R. R.).

Superbe épreuve.

358. Chariot chargé de Soldats blessés, traîné par trois Chevaux (10, R. R.). — *Lith. de C. Motte.*

Très belle épreuve.

359. Deux Chevaux gris pommelé qui se battent dans une écurie; imprimée à deux teintes (11, R. R. R.).

Superbe épreuve d'une pièce dont on ne connaît que cinq épreuves, dont deux seulement imprimées à deux teintes.

360. Retour de Russie (12, R. R.). — *Lithographie de C. Motte.*

Superbe épreuve, du premier état; sans le titre et avec l'adresse de l'éditeur. Imprimée à deux teintes.

361. Caisson d'Artillerie (13, R. R.).

Très belle épreuve.

362. Le Factionnaire Suisse au Louvre (14, R.). — *Lith. de C. Delpech.*

Très belle épreuve.

363. Artillerie à cheval de la Garde Impériale changeant de position (15, R. R. R.).

Superbe épreuve. On ne connaît que cinq épreuves de cette belle pièce.

364. *Batalla de Chacabuco, ganada sobre los espanoles el 12 de febrero* 1817, etc. (16, R. R. R.).

Très précieuse épreuve coloriée et retouchée par Géricault.

364 *bis*. La même pièce.

Très belle épreuve.

365. *Batalla de Maïpu, ganada sobre los espanoles el* 5 *Marzo,* 1818, etc. (17, R. R. R.).

Très précieuse épreuve coloriée et retouchée par Géricault.

365 *bis*. La même pièce (R. R. R.).

366. *D*[n] *Jose de S*[n] *Martin, general en xefe de los exercitos aliados de Buenos-Ayres y Chile* (18, R. R. R.).

Très belle épreuve.

367. A Cheval (20, R. R.) — *Lith. de Delpech.*

Très belle épreuve.

368. Marche dans le Désert (21). — *Lith. de C. Motte.*

Superbe et rare épreuve du premier état : sans le titre.

369. Passage du Mont Saint-Bernard (22, R. R.).

Superbe épreuve, non entièrement terminée. État non décrit.

370. La même pièce (R. R.).

Très belle épreuve du premier état décrit : avant le titre.

371. *Shipwreck of the Meduse* (24, *R.*). — *Hullmandel's lithography.*

Croquis au trait et à l'encre distribué au public, lors de l'exposition, à Londres, du tableau de Géricault.

372. Suite des grandes lithographies anglaises. Douze planches et un titre, publiés à Londres en 1821.

Titre. — Un Fourgon attelé (25, R.).

Épreuve du premier état avec les deux adresses.

1° *The Piper* (26, R.).
2° *Pity the sorrows of a poor old man*, etc. (27, R.).
3° *A Party of Life Guards* (28, R.).
4° *An arabian Horse* (29, R.).
5° *A paraleytic* (sic) *Woman* (30, R.).
6° *Entrance to the Adelphi Warf* (31, R.).
7° *The flemish Farrier* (32, R.).
8° *A french Farrier* (33, R.).
9° *The english Farrier* (34, R.).
10° *Horses exercising* (35, R.).
11° *The Coal Wagon* (36, R.).
12° *Horses going to a Fair* (37, R.).

Cette suite, de la plus grande rareté à trouver réunie, est dans une parfaite condition, les épreuves sont superbes et ont toutes leurs marges.

373. Jokey anglais monté sur un Cheval qui a une couverture marquée d'un M (38). — Cheval de carrosse monté par un Palefrenier en veste, coiffé d'un chapeau rond (39). — Le Marchand de Poissons assis près de son Étal et endormi (40). — Trois Enfants jouant avec un Ane près d'une Fontaine (41). — Lion dévorant un Cheval (44). Cinq pièces à la plume, sur carton lithographique, exécutées en Angleterre.

Superbes épreuves.

374. Jeune Femme et ses trois Enfants (43, R. R. R.).

Très belle épreuve d'une pièce d'une extrême rareté; on n'en connaît que deux épreuves, celle-ci et celle qui est conservée au Cabinet des Estampes.

375. Guillaume le Conquérant rapporté après sa mort à l'Église de Saint-Georges de Boscherville (45).

Très belle et première épreuve avant le nom de Géricault.

Église de Saint-Nicolas de Rouen (46).

Cette pièce ainsi que la précédente sont extraites de la *Normandie. Voyages Romantiques dans l'ancienne France*, du baron Taylor.

376. Études de Chevaux, d'après nature. Suite de douze pièces publiées chez Gihaut (47-58).

Superbes épreuves du premier état, tirées sur chine, plus une pièce double : le titre, tirée sur blanc.

377. Suite de huit petites pièces publiées par Gihaut (59-66).

Très belles épreuves du premier état : avant l'adresse de Gihaut, tirées sur chine.

378. Six pièces doubles de la suite précédente. Numéros 61, 62, 63, 64, 65, 66.

Très belles épreuves.

379. Suite de sept petites pièces, publiées par Gihaut (67 à 73).

Très belles épreuves, tirées sur chine et sur blanc.

380. Cheval anglais avec couverture, monté par un Jokey (72). *Lith. de Engelman.*

Superbe épreuve du premier état : avant le trait carré et avant la lettre. Extrêmement rare.

381. Études de Chevaux. Suite des grandes lithographies françaises. Douze planches et un titre. Imprimées par Villain, publiées par Gihaut en 1822 (74-86).

Superbes épreuves du premier état : avant que le nom de Vilain ait été effacé, plus une pièce double, le titre en épreuve du premier état avant l'adresse de Gihaut. Cette dernière pièce est la seule de la suite où il y ait des différences.

382. Suite de cinq pièces encadrées, publiées par Mme Hulin en 1823 (87-91).

Superbes épreuves du premier état : avant que le nom de Mme Hulin et l'adresse de l'imprimeur aient été effacés.

383. Gros Cheval gris pommelé, vu de trois quarts (101 R.R.R.).

Superbe épreuve de la seule eau-forte du maître. Le petit chapiteau qui se trouve au haut de la droite de cette pièce est de M. Dedreux, architecte, grand prix de Rome en 1815.

384. Deux Chevaux dételés. — Trois Chevaux de Poste dans une écurie. — Postillon à la porte d'une Auberge. — Cuirassier enlevant un Drapeau à des Russes. Suite de quatre grandes pièces lithographiées par Volmar, d'après Géricault.

Très belles épreuves.

385. Le Chasseur. — Cuirassier blessé. — Étalon anglais. — Course de chevaux à Rome, etc. Douze pièces gravées et lithographiées d'après Géricault.

386. Dessins de Géricault, lithographiés en fac-similé, par A. Colin, publiés par une Société d'amateurs. *A Paris, chez Leconte*, 1866. Suite complète de dix pièces, plus une feuille de texte.

Superbes épreuves d'essai, avant toutes lettres. Dans cet état, cette suite n'a jamais été dans le commerce.

387. La même suite.

Très bel exemplaire.

388. Photographies, d'après des dessins de Géricault. Vingt-six pièces.

GIGOUX (J.).

389. Sujets pour l'artiste, etc. Seize pièces.

GIRODET-TRIOSON (d'après A.-L.).

390. Son Portrait, par Colin. — Portrait de Chatillon, graveur. — Ossian. Trois pièces rares.

391. Portraits de Chateaubriand, de Sèze, Bonaparte, Odalisque, etc. Huit pièces.

Belles épreuves sur chine.

392. Psyché et l'Amour. — Histoire de Psyché. — Érigone, etc. Dix pièces par Aubry-Lecomte et autres.

Très belles épreuves sur chine.

393. Anacréon. Recueil de compositions gravées par Chatillon. Cinquante-quatre figures avec texte. *Paris*, 1825, in-4° demi-rel.

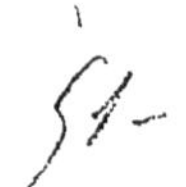

394. Les Amours des Dieux. Seize planches, avec texte, lithographiées par ses élèves. *Paris*, 1826, in-fol., cart.

395. Sapho, Bion, Moschus. Recueil de compositions gravées par Chatillon. Quarante planches avec texte. *Paris*, 1829, in-4°, demi-rel.

GOYA.

396. *Dibersion de España. — El famoso Americano, Mariano Ceballos.* Deux pièces.

Très belles épreuves.

GRANDVILLE (J.-J. Gérard dit).

397. Les Métamorphoses du Jour. Cinquante-deux pièces coloriées et treize en noir.

398. La Caricature (en noir et couleur). — Musée Dantan. — Les Amusements de l'Enfance, etc. Soixante-dix pièces.

GROS (A.-J., Baron).

399. Chef de Mameluks à cheval (premier état). — Arabe du Désert. Deux pièces.

GUDIN (Th.).

400. Marines. Dix-huit pièces sur chine.

GUÉRIN (P.-N.).

401. Le Repos du Monde (avant toute lettre). — Qui trop embrasse mal étreint (avant la lettre). — Le Paresseux. — Le Vigilant. Quatre pièces.

HERSENT (L.).

402. Portraits de Clément Marot, Mgr l'Évêque d'Hermopolis, Illustrations pour les Contes de Lafontaine, Sujets d'Albums. Vingt pièces.

INGRES (J.-D.-A.).

403. Portrait de Ingres, gravé par L. Calamatta.

Belle épreuve signée par Ingres.

404. Portrait de M. Courtois de Pressigny, Archevêque de Besançon.

Très rare épreuve avant les vers dans la marge du bas.

405. Une contre-épreuve du même état.

406. Odalisque étendue sur un Divan.

Deux épreuves dont une tirée sur papier bleu.

407. Quatre Seigneurs de la Cour de Bourgogne, assis dans des chaises à haut dossier.

Épreuve, sur chine, avant les noms.

INGRES (d'après J.-D.-A.).

408. L'Odalisque, lithographié par Sudre.

Superbe épreuve avant la lettre, sur chine, signée par Sudre.

409. Andromède (sur chine avant la lettre), par Sudre. — Françoise de Rimini, par Aubry-Lecomte. — Faust et Marguerite, par Dien. Trois pièces.

Belles épreuves.

410. Portraits de MM. Labrouste, Leclère, Marcotte et Varcollier. Quatre pièces gravées par Calamatta, Dien, etc.

Belles épreuves.

411. Portraits de M. et Mme Gatteaux, le docteur Martinet, Mlle Delorme. Quatre pièces gravées par Dien et Calamatta.

Belles épreuves.

412. La Source, gravé par L. Flameng.

Très belle épreuve d'artiste, sur chine.

ISABEY (J.-B.).

413. Caricatures. Suite de douze pièces coloriées.

413 *bis*. Onze pièces de la même suite, dont huit coloriées et trois en noir.

ISABEY (E.).

414. Souvenirs de Bretagne et de Normandie. — Marines. Seize pièces.

JACQUE (Ch.).

415. La Bergerie.

Très belle épreuve d'essai, sur chine, signée de l'auteur.

JACQUEMART (J.).

416. Gemmes et Joyaux de la Couronne. *Paris*, 1865. Soixante planches avec texte.

Bel exemplaire avant la lettre.

LAMI (Eug.).

417. La Vie de Château, 1828. Suite de dix pièces coloriées.

LEMUD (A.).

418. Maître Wolfrang. — Les Sept cordes de la Lyre. Deux pièces.

Très belles épreuves avant la lettre.

419. Maître Wolfrang. — Le Retour en France. Deux pièces.

Belles épreuves.

420. Enfance de Callot. — Les Dénicheurs. — Les Maraudeurs. — Le Vin. Quatre pièces.

Belles épreuves sur chine.

421. Différents sujets pour l'artiste. Neuf pièces.

Belles épreuves.

LE PRINCE (X.).

422. Inconvénients d'un Voyage en Diligence. Suite de douze pièces.

Épreuves coloriées.

MEISSONIER (J.-L.-E.).

423. Les Lansquenets jouant aux Dés, gravé sur bois par Lavoignat.

Très belle épreuve d'essai, sur chine.

424. Le Fumeur assis.

Très belle épreuve, sur chine.

MERCURY (P.).

425. Les Moissonneurs; d'après Léopold Robert.

Très belle épreuve d'artiste, avec le nom de l'auteur gravé à la pointe.

426. La même estampe.

Belle épreuve avant la lettre.

427. Sainte Amélie, Reine de Hongrie, d'après Paul Delaroche.

Très belle épreuve, sur chine.

428. Portrait de Mme de Maintenon, d'après l'émail de Petitot.

Très belle épreuve avant la lettre et avant la bordure, sur chine.

429. Portrait de Christophe Colomb, d'après un tableau du temps.

Superbe épreuve d'artiste, avant la bordure, sur chine.

430. Portrait de T. Tasso.

Très belle épreuve sur chine.

431. Portrait de Condorcet, d'après Aug. de Saint-Aubin, 1786.

Très rare épreuve avant les noms des artistes, avec dédicace de l'auteur.

MILLET (J. F.).

432. Les Glaneuses. — Les Terrassiers.

MOUILLERON (A.).

433. La Bourgeoisie armée d'Amsterdam, d'après Rembrandt.

Très belle épreuve avant la lettre, sur chine.

MOUILLERON ET E. LEROUX.

434. Vignettes pour Romances, compositions d'après Marilhat, etc. Trente-trois pièces.

MONNIER (H.).

435. Son Portrait. — Récréations. — Les Grisettes, etc. Trente-deux planches coloriées. Un vol. obl. cart.

436. Mœurs parisiennes. — Récréations, etc. Dix-sept pièces coloriées.

O'CONNELL (Fr. Madame).

437. Portrait de Hoëné Wronski. — Portrait d'Homme avec chapeau à plumes. — Jeune Femme entourée d'Enfants. Quatre pièces.

Premières épreuves.

PANNIER.

438. Portraits de Velasquez, le Poussin, Raphaël. — Le Violonneux, par Pollet. Quatre pièces.

Belles épreuves avant la lettre.

PERKINS (C.).

439. *Les Sculpteurs Italiens,* ouvrage traduit de l'Anglais, par Ch. Haussoulier. Deux parties Soixante-treize planches. *Paris,* 1869, in-4° cart.

PROUT (S.).

440. Vues de Normandie et du Rhin. Douze pièces.

PRUD'HON (P.-P.).

441. L'Enlèvement d'Europe, gravé à l'eau-forte par le maître (Catalogue de l'œuvre de Prud'hon, par M. de Goncourt, numéro 3).

Très belle épreuve du premier état : à l'eau-forte pure, sans aucune lettre.

442. Amours de Phrosine et Mélidore, eau-forte originale du maître (4).

Rarissime épreuve du premier état : à l'eau-forte pure. On ne connaît que trois épreuves de cet état.

443. La même estampe.

Superbe épreuve du deuxième état : l'estampe terminée au burin par Roger, avant la tablette et les vers, seulement le nom *de P.-P. Prud'hon inv. incidit* tracé à la pointe sous le trait carré à gauche. Sa marge est couverte de salissures de burin. M. de Goncourt, dans son Catalogue, qualifie cette épreuve de merveilleuse. Elle est de la plus grande rareté.

444. Une Lecture, lithographie originale du maître (7).

Superbe épreuve d'essai : avant toutes lettres et avant les retouches à la plume lithographique. « *J'ai vu chez M. His de La Salle*, dit M. de Goncourt, dans son catalogue, en parlant de cette épreuve, *une de ces épreuves qui a la jolie douceur d'un léger dessin à la plombagine.* » Elle est en parfaite condition et à une grande marge.

444 *bis*. La même estampe.

Superbe épreuve, du même état, tirée sur papier de Chine, ce qui lui donne un ton un peu plus vigoureux. Elle est également en parfaite condition et a une grande marge. Cette épreuve ainsi que la précédente est de la plus grande rareté.

445. La même estampe.

Superbe épreuve avant toutes lettres, mais avec les retouches à la plume lithographique. Elle est tirée sur papier de chine volant. Très rare.

446. La même estampe.

Très belle épreuve avec la lettre, mais avant l'adresse de la *Gazette des Beaux-Arts*. Elle est tirée sur papier de Chine et à toute sa marge.

447. L'Enfant au Chien, lithographie originale du maître (8).

Superbe et très rare épreuve du premier état : avant toutes lettres, tirée sur chine. Toute marge.

448. La même estampe.

Superbe épreuve du deuxième état : avec le nom de Prud'hon au bas à gauche, mais avant les mots : *Gazette des Beaux-Arts. Impr. Bertauts. Paris.* Toute marge.

449. Une Famille malheureuse, lithographie originale du maître (9).

Superbe épreuve avant les retouches à la plume lithographique sur le montant de la fenêtre. Marge.

450. La même estampe.

Très belle épreuve, avec marge, du même état.

451. Portrait de M. Viardot, gravé par Prud'hon fils.

Superbe épreuve avant toutes lettres et avec toute sa marge.

452. Mlle Mayer, lithographie par Bellanger.

Superbe épreuve avant toutes lettres, sur chine, signée de l'artiste.

453. Mlle Mayer, gravée par J. de Goncourt (17).

Très belle épreuve.

454. Mlle Mayer, lithographie par A. Sirouy (20).

Très belle épreuve avant toutes lettres, sur chine. Rare.

455. Portrait de Marie-Louise (24). Deux pièces gravées par J. de Goncourt et L. Flameng.

Très belles épreuves, la dernière est avant toutes lettres.

456. Le Roi de Rome, gravé par Roger (25).

Superbe et précieuse épreuve du troisième état : avant toutes lettres, mais avec l'allégorie. Les cornes d'abondance qui se trouvent de chaque côté du médaillon sont dessinées par Prud'hon. C'est bien certainement l'épreuve ayant servi de modèle au graveur.

457. Le Roi de Rome, gravé à l'eau-forte par Defrey.

Très belle épreuve avant toutes lettres. Elle est tirée sur chine et a toute sa marge.

458. Joseph et la femme de Putiphar, deux épreuves (30). — La Vierge (35). — Le Christ en croix. Cinq pièces, lithographiées par E. Le Roux, Aubry-Lecomte et Franquinet.

Très belles épreuves.

459. La Sainte Vierge, lithographiée par Mme Dumeray (35).

Très belle épreuve d'une pièce où il y a peut être quelques retouches de Prud'hon. Rare.

460. La Vengeance de Cérès, gravé par Copia (37).

Très rare épreuve à l'eau-forte pure. État non décrit.

461. La même estampe.

Superbe épreuve du premier état décrit : avant toutes lettres, seulement les noms des artistes tracés à la pointe. Toute marge.

462. Vénus et Adonis, lithographie par E. Sirouy (39).

Très belle épreuve avant toutes lettres, tirée sur chine. Elle est signée de l'artiste.

462 *bis*. Vénus et Adonis (39). — Le Triomphe de Vénus (42). — Le Zéphyr (44). Quatre pièces lithographiées par J. Boilly, Aubry-Lecomte et Grévedon.

Très belles épreuves.

463. Enlèvement de Psyché, gravé par H.-C. Muller (43).

Très rare épreuve à l'état d'eau-forte pure. Grande marge.

464. La même estampe.

Très belle épreuve.

465. La même composition, lithographiée par Aubry-Lecomte (43).

Deux épreuves tirées sur papier de chine dont l'une, superbe, est avant la lettre.

466. La Toilette, épreuve avant la lettre (54). — L'Amour et l'Amitié (56). — Thémis (76). — L'Amour. Quatre pièces, lithographiées par Morin, Aubry-Lecomte et J. Boilly.

Très belles épreuves.

467. Minerve alimentant les Arts et les Sciences, gravé par Mlle A. Bleuze (55).

Superbe épreuve du premier état : avant toutes lettres. Toute marge.

468. Adresse de la Veuve Merlen, gravé par B. Roger (56).

Magnifique épreuve du premier état : avant le nom du graveur et sans aucune inscription sur la tablette. Elle a une grande marge. De la plus grande rareté.

469. La même estampe.

Très belle épreuve du troisième état (il y en a 5) avec l'adresse du Palais Égalité. Rare.

470. Le Cruel rit des pleurs qu'il fait verser. — L'Amour réduit à la raison. Deux pièces faisant pendants, gravées par Copia (57 et 58).

Très belles épreuves avant toutes lettres, seulement les noms des artistes tracés à la pointe. Grandes marges.

471. L'Amour séduit l'Innocence, le Plaisir l'entraîne, le Repentir suit. — L'Innocence préfère l'Amour à la Richesse. Deux pièces faisant pendants, gravées par Roger d'après Prud'hon et Mlle Mayer.

Très rares épreuves du premier état : à l'eau-forte pure. Toutes marges.

472. Les mêmes estampes.

Superbes épreuves du deuxième état : avant la lettre. Elles sont tirées sur papier de Chine et ont toutes leurs marges.

473. L'Amour, gravé par S. Prud'hon fils (61).

Très belle épreuve du premier état : avant toutes lettres.

474. L'Amour caresse avant de blesser, gravé par Roger (62).

Très rare épreuve du premier état : à l'eau-forte pure. Marge.

475. L'Égalité, gravé par Copia (68).

Superbe et très rare épreuve du premier etat : avant le titre. Toute marge.

476. La Loi, gravé par Copia (69).

Superbe et très rare épreuve du premier état : avant le titre. Toute marge.

477. La Liberté, gravé par Copia (70).

Superbe et très rare épreuve du premier état: avant toutes lettres seulement les noms des artistes tracés à la pointe. Remargée.

477 *bis*. Le Triomphe de Napoléon Ier, gravé par Roger (72).

Superbe épreuve du premier état: avant que le nom de Prud'hon ait été effacé, Toute marge.

478. La Justice et la Vengeance divine poursuivant le Crime. gravé par B. Roger (77).

Très rare épreuve du premier état : à l'eau-forte pure. Grande marge.

479. La même estampe.

Très belle épreuve du deuxième état : avant la lettre. Marge.

480. L'Émulation donne l'essor à l'Étude, lithographie par Poterlet (82).

Très belle épreuve avant toutes lettres. Très rare.

481. La Richesse, les Arts, les Plaisirs, la Philosophie, lithographies par J. Boilly (85). — La Richesse et les Plaisirs, pièce tirée de l'ouvrage de Denon. — Les Quatre Saisons, lithographies par J. Boilly (91 et 92). Cinq pièces.

Très belles épreuves.

482. L'Automne (les Vendanges), lithographie par Aubry-Lecomte (93).

Superbe épreuve, sur chine, signée du graveur. Rare de cette qualité.

483. La Justice (118). — La Force (119). — Daphnis cherchant une Cigale (129). Trois pièces lithographiées par E. Le Roux et Schaal.

Très belles épreuves.

484. Le Chevrier. — Daphnis cherchant une Cigale. — Le Bain. Suite complète de trois pièces, gravées par Roger, appartenant à l'édition grand in-4° de *Daphnis et Chloé,* donnée par Didot en l'an VIII (121 à 123).

Superbes épreuves du deuxième état (le premier est à l'eau-forte pure) avant toutes lettres, seulement les noms des artistes tracés à la pointe. Les deux premières pièces ont de grandes marges.

485. Le Bain, gravé par Roger (123).

Magnifique épreuve avant toute lettre et avant la tablette. M. de Goncourt, en citant cette épreuve, dit que c'est la plus belle qu'il ait jamais vue. Excessivement rare.

486. Daphnis et Chloé luttant, lithographie par C. Bellanger (125).

Deux très belles épreuves, dont l'une est avant la lettre.

487. Daphnis et Chloé, in-8°, gravé par Roger (126).

Très rare épreuve du premier état : à l'eau-forte pure. Marge.

488. La même estampe.

Superbe épreuve du deuxième état : avant toutes lettres, seulement les noms des artistes tracés à la pointe. Toute marge.

489. Abrocome et Anzia, gravé par Roger (127).

Très rare épreuve du premier état : à l'eau-forte pure. Grande marge.

490. La même estampe.

Superbe épreuve du deuxième état : avant toutes lettres, seulement les noms des artistes tracés à la pointe. Tirée sur papier de Chine volant.

491. Sylvie et le Satyre, gravé par Roger (128).

Très rare épreuve du premier : état à l'eau-forte pure. Toute marge.

492. La même estampe.

Superbe et très rare épreuve avant toutes lettres, elle a une grande marge. État non décrit.

493. En Jouir, gravé par Copia (131).

Épreuve du premier état : à l'eau-forte pure. De la plus grande rareté. Marge.

494. La même estampe.

Superbe épreuve du deuxième état : avant toute inscription et tout nom de peintre et de graveur. Excessivement rare.

495. Le premier Baiser de l'Amour, gravé par Copia (132).

Rarissime épreuve du premier état : à l'eau-forte pure. Grande marge.

496. La même estampe.

Superbe et très rare épreuve du deuxième état : avant toutes lettres, seulement les noms des artistes écrits à la pointe. Grande marge.

497. L'Héroïsme de la Valeur, gravé par Copia (133).

Superbe et très rare épreuve du premier état : avant toutes lettres, seulement le nom de *Copia* écrit à la pointe. Grande marge.

498. Je ne me bats pas contre un insensé, gravé par Copia (134).

Très rare épreuve du premier état : à l'eau-forte pure. État non décrit.

499. La même estampe.

Superbe épreuve du deuxième état : avant toutes lettres, seulement les noms des artistes ecrits à la pointe.

500. Ma Fille respecte les Cheveux blancs de ton Père, gravé par Copia (135).

Rarissime épreuve du premier état : à l'eau-forte pure. Grande marge.

501. La même estampe.

Superbe et très rare épreuve du deuxième état : avant toutes lettres, seulement le nom de *Copia* tracé à la pointe. Grande marge.

502. Il appliqua sur sa main malade des baisers de feu, gravé par Copia (136).

Superbe est très rare épreuve du premier état : avant toutes lettres, seulement le nom de *Copia* tracé à la pointe. Grande marge.

503. Stellina introduisant Édouard dans la Grotte de l'Hospitalité, gravé par Roger (137).

Superbe épreuve du deuxième état : avant toutes lettres, seulement les noms des artistes écrits à la pointe. Grande marge.

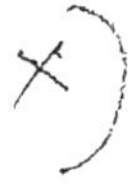

504. Riamir armé de sa massue, délivrant les prisonniers Anglais, gravé par Roger (138).

Superbe épreuve du premier état : avant toutes lettres. Marge.

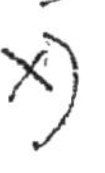

505. Stellina prosternée aux pieds de l'idole de Cyprès, gravé par Roger (139).

Très rare épreuve du premier état : à l'eau-forte pure, un simple filet indique la tablette.

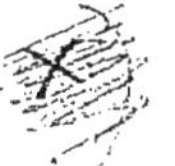

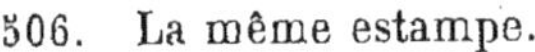

506. La même estampe.

Superbe épreuve du troisième état : avant la lettre, seulement les noms des artistes tracés à la pointe. Grande marge.

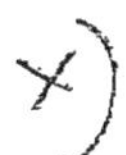

507. Stellina surprise au sortir du Bain par Édouard (La Grotte), gravé par Roger (140).

Très rare épreuve du premier état : à l'eau-forte pure, un simple filet indique la tablette Marge.

508. La même estampe.

Magnifique épreuve du deuxième état : avant toutes lettres et avec une grande marge. Excessivement rare. M. de Goncourt ne cite que cette épreuve.

509. La même estampe.

Superbe épreuve du troisième état : avant toutes lettres, seulement les noms des artistes tracés à la pointe.

510. La même composition lithographiée par Bellanger.

Superbe épreuve avant toutes lettres, sur chine.

511. Édouard comptant son Or et séparant les Monnaies (La Soif de l'Or), gravé par Roger (141).

Magnifique épreuve avant toutes lettres, seulement les noms des artistes tracés à la pointe. Marge.

512. Naufrage de Virginie, gravé par Roger. — In-4° (142).

Très rare épreuve du premier état : à l'eau-forte pure. Marge.

513. La même estampe.

Superbe épreuve du deuxième état : avant toutes lettres, seulement les noms des artistes tracés à la pointe. Toute marge.

513 *bis.* La même composition gravée une seconde fois par Roger, de format in-8°, en réduction de l'estampe précédente.

Très belle épreuve avant toutes lettres, seulement les noms des artistes tracés à la pointe.

514. La Thébaïde, gravé par L. Duval (144).

Superbe épreuve avant toutes lettres, seulement les noms des artistes tracés à la pointe. D'après M. Renouvier, quelques premières épreuves, et la nôtre est du nombre, porteraient seules le nom de Prud'hon, lequel aurait été effacé et remplacé ensuite par celui de Moitte. De la plus grande rareté.

515. Jésus portant sa Croix et suivi des Ames malheureuses, gravé par Roger (146).

Très rare épreuve du premier état : à l'eau-forte pure. Grande marge.

516. La même estampe.

Très belle épreuve du deuxième état : avant toutes lettres, seulement les noms des artistes écrits à la pointe. Toute marge.

517. Préfecture de la Seine. En-tête de lettre, gravé par Roger (149).

Rarissime épreuve du premier état : à l'eau-forte pure.

518. La même estampe.

Superbe épreuve du deuxième état : avant les mots *Liberté Egalité* et l'en-tête de lettres. Grande marge. Très rare.

519. Département de la Seine-Inférieure. En-tête de lettre, gravé par Roger (150).

Rarissime épreuve du premier état : à l'eau-forte pure. Grande marge.

520. La même estampe.

Très belle épreuve du quatrième état : avec *Rouen le..., an de la République*.

521. La même estampe.

Très belle épreuve du cinquième état : l'inscription précédente changée en, *Le préfet du département de la Seine-Inférieure*. Grande marge.

522. Ministère de la Police générale, en-tête gravé par Roger (151).

Très rare épreuve d'un état non décrit : elle est avec la lettre, mais encore à l'état d'eau-forte.

523. La même estampe.

Superbe épreuve du deuxième état : elle est avec la lettre, escomplètement terminée et a l'en-tête républicain. Grande marge.

524. La même estampe.

Très belle épreuve du troisième état : Les mots *Liberté* et *Egalité*, de chaque côté de la composition, sont supprimés, le texte et les caractères de l'en-tête sont différents, on lit : *Le Sénateur, ministre de la Police générale de l'Empire*. Marge.

525. La même composition. Réduction moyenne par Roger.

Très belle épreuve avec l'en-tête *républicain*.

526. Tête de lettre, représentant un Génie couronné par la République, gravé par B. Roger (152).

Rarissime épreuve, à l'état d'eau-forte pure. Toute marge.

527. La même estampe.

Superbe épreuve du premier état : avant la lettre et avec la première inscription sur le socle : *République Française*. Toute marge.

528. République Française. Colonies Louisiane. En-tête de lettre, gravé par Roger (154).

Rarissime épreuve avant toutes lettres, à l'état d'eau-forte pure. Marge.

529. La même estampe.

Superbe et très rare épreuve avant toutes lettres, seulement les noms des artistes tracés à la pointe. Elle est avant quelques légers travaux, notamment sur le socle où se lit l'inscription : *République Française*. État non décrit.

530. La même estampe.

Très belle et rare épreuve avec l'inscription sur le socle, avec les noms des artistes et avec l'en-tête suivant : *Nouvelle Orléans, le — an —. Le préfet colonial de la Louisanne*. Au haut de la droite on lit : *Marine, Colonies. Louisanne*. Elle a une grande marge.

530 *bis*. La même composition, réduite avec quelques changements, gravée par Roger.

Très belle épreuve.

531. Fac-similé d'un dessin de Prud'hon pour l'adresse de la veuve Merlen (157). — Carte d'entrée d'un Concert ou d'un Bal (158), deux épreuves dont l'une est avant la lettre. Trois pièces lithogr phiées par Bellanger.

Très belles épreuves.

532. Vénus et l'Amour, gravé par Roger (159).

Très belle et rare épreuve du deuxième état : avant l'adresse de Bance. Elle a la marge du cuivre.

533. Léda, gravé par Roger (160).

Très belle épreuve.

534. Étude, gravé par Roger (168).

Très belle épreuve.

535. L'Amour, lithographie par C. Bellanger (168 *bis*).

Deux très belles épreuves dont l'une est avant toutes lettres.

536. La Coquette espagnole, gravé par Prud'hon fils (179).

Très belle épreuve avant toutes lettres.

537. La Volupté (179). — La Pudeur (187). Deux épreuves dont l'une est avant la lettre. Trois pièces lithographiées par Bellanger et Aubry-Lecomte.

Très belles épreuves.

538. Marguerite, lithographie par Aubry-Lecomte (190).

Superbe épreuve avant toutes lettres, sur chine, signée du graveur.

539. Photographies, d'après des dessins et des peintures de Prud'hon, publiées la plupart par Braun. Vingt-six pièces.

RAFFET.

540. Portrait d'Amable Gibrant (G. 5).

Très rare.

541. Combat d'Oued-Alleg (82).

Très belle épreuve tirée avant le numéro 6.

542. Le Drapeau du 17e Léger (83).

Très belle épreuve, sur chine, avant le numéro 2.

543. Le Réveil (85).

Très belle épreuve.

544. Némésis (affiche pour les Satires de *Barthélemy*) (120).

Très belle épreuve.

545. Analyse de la Pensée (142).

Très belle épreuve.

546. La Revue nocturne (429).

Très belle épreuve.

547. Retraite de Constantine (536 à 542). — Prise de Constantine (543 à 556). Vingt pièces.

Très belles épreuves, sur chine.

548. La Caricature, sujets divers. Vingt-quatre pièces.

Très belles épreuves.

549. Voyage en Russie. Vingt-deux pièces.

Très belles épreuves ; plusieurs sont avant les numéros.

550. Siège de Rome, sujets d'albums. Vingt-huit pièces.

Très belles épreuves.

551. Portrait du prince Demidoff en costume espagnol, gravé par M. Pollet.

Superbe épreuve d'artiste, sur chine.

ROBERT (L.).

552. Son Portrait par Ant. Robert. — Repos du Pâtre. — La Prédiction. — Jeune Suissesse. — Une Suissesse. — Jeune Femme et son Enfant. — Joueur de Mandoline, etc. Douze pièces.

Belles épreuves sur chine.

ROCHEBRUNE (O. de).

553. La Sainte-Chapelle de Champigny, — Écouen, Façade des Esclaves de Michel-Ange. Deux pièces.

Belles épreuves.

ROQUEPLAN (C.).

554. Sujets d'albums, croquis par divers artistes, etc. Dix-sept pièces.

SCHEFFER (A.)

555. Le Vengeur. — *Lith. de C. Lasteyrie*

Pièce très rare.

556. Allons. — Le jeune Malade. — Morton. — La Convalescence d'une Mère. — La Déclaration. — Le vieux Pâtre. Six pièces sur chine.

Belles épreuves avant le nom de A. Scheffer et les numéros.

THEVENIN ET AUTRES.

557. Portraits de G. Dow, de Rossini, du duc de Feltre, etc. Six pièces.

Belles épreuves avant la lettre.

THOMAS.

558. Un An à Rome. Recueil représentant les Usages, Costumes, Cérémonies civiles et militaires, etc. Soixante-douze pl. avec texte. *Paris*, 1823, in-folio, demi-rel.

TOPFER.

559. Voyage à Gênes, 1834. Un album in-4° obl., fig., autographié.

VERNET (H.).

560. Cent cinquante-cinq pièces de son œuvre. Il manque d'après le Catalogue Bruzard, les numéros suivants : 3, 4, 6, 11 à 17, 24, 25, 28, 49, 54, 55, 56, 58 à 63, 65 à 67, 70, 72 à 79, 82 à 85, 94, 99, 111 à 116, 127, 128, 131, 179 à 198.

Très belles épreuves, la plupart sont avant la lettre.

VERNET (d'après H.).

561. Les Merveilleuses. Quatre pièces en couleur.

VERNET (C.) et VERNET (H.).

562. Quarante pièces de leurs œuvres.

VIGNETTES.

563. Quarante-quatre pièces, pour l'illustration de divers ouvrages, d'après Deveria, Desenne, Girodet et autres.

Très belles épreuves avant la lettre.

WATTIER (E.).

564. Trois sujets gravés à l'eau-forte.

Épreuves sur chine.

LE ROY (A.)

565. Fac-similés de dessins d'après les anciens maîtres. Trente-quatre pièces avec texte.

WACQUEZ ET LEROY.

566. Choix de dessins de Raphaël qui font partie de la collection Wicar à Lille. vingt pl. avec texte. *Paris*, 1858, in-folio. Carte.

567. Société Française de Gravure. Années 1868 à 1877. Vingt-sept pièces.

Très belles épreuves avant la lettre, sur chine.

PHOTOGRAHIES.

568. Vingt-cinq épreuves grandes et moyennes, d'après des tableaux de Raphaël.

569. Vingt-trois petites épreuves, d'après des tableaux de Raphaël.

570. Quatre-vingt deux moyennes épreuves, d'après des dessins de Raphaël.

571. Vingt grandes épreuves, d'après des dessins de Raphaël.

572. Douze grandes épreuves d'après des tableaux de la Galerie de Florence.

573. Quarante-six épreuves, moyen format, d'après les tableaux de la galerie de Florence.

574. Cinquante-huit épreuves, petit format, d'après des tableaux de la galerie de Florence.

575. Sept épreuves, d'après des tableaux du musée du Louvre.

576. Quinze épreuves, d'après des dessins du musée du Louvre.

577. Trente épreuves, d'après les maîtres primitifs Italiens.

578. Vingt-neuf épreuves, d'après les dessins de la Bibliothèque Ambroisienne à Milan.

579. Vingt-huit épreuves, d'après des tableaux et des dessins des maîtres Espagnols et Italiens de la galerie de Madrid.

580. Douze épreuves, d'après des tableaux de la *National Gallery*.

581. Soixante-dix-huit épreuves, d'après des dessins de l'école primitive Italienne, des collections Ottlez, Robinson et autres collections Anglaises.

582. Seize épreuves, d'après des tableaux de Memling, Schongauer, Holbein et A. Durer.

583. Quinze épreuves, d'après des tableaux et dessins de Rembrandt.

584. Vingt épreuves, d'après des tableaux et dessins de Rubens et Van Dyck.

585. Seize épreuves, d'après G. Dow, Metzu, Potter et Teniers.

586. Quinze pièces, d'après des tableaux des galeries de Vienne, de Weimar et de Francfort.

587. Onze épreuves, d'après des dessins conservés dans les mêmes galeries.

588. Vingt épreuves, d'après des tableaux et dessins des collections de Saint-Pétersbourg et de Rome.

589. Vingt épreuves, d'après des tableaux et dessins de Boucher, Mme Lebrun, Latour et Watteau.

590. Trente épreuves, d'après des tableaux et dessins de David, Gérard, Ingres, Delacroix et Meissonier.

591. Vingt épreuves, d'après des tableaux et dessins de Gleyre.

592. Trente-huit épreuves, d'après les maîtres des écoles Française et Hollandaise et les dessins donnés par M. His de La Salle à l'École des Beaux-Arts.

593. Vingt-trois épreuves de l'école Italienne, même donation.

594. Vingt-huit épreuves, fac-similés de dessins de la collection, H. de La Salle.

595. Bas-reliefs, Bronzes, Fragments et Statues, d'après l'Antique. Cent dix épreuves.

596. Tombeaux, Monuments, Fragments d'après l'Antique. Quarante-huit épreuves.

Paris. — Typ. G. Chamerot, 19, rue des Saints-Pères. — 10413.

www.ingramcontent.com/pod-product-compliance
Ingram Content Group UK Ltd.
Pitfield, Milton Keynes, MK11 3LW, UK
UKHW020348220726
13923UKWH00004B/1586